短い時間で楽々!
「ニワカそうす」の 愛情ごはん

タケシゲ醤油●著

Enjoy cooking with Niwaka sauce!

はじめに

　実は若いころ、一番の苦手は料理。大学の学園祭では、おにぎりを一個も握ることができず、友だちに笑われたのを覚えています。卒業して働くようになってからは、「たまには料理でもしてみようかな……」とお弁当を作ってみたこともありました。でも買った方がはるかに安くて、おいしい。おまけにお弁当を作るために早起きしないといけないことがストレスに。結婚して、夫婦で醤油屋を継ぐことになっても、仕事から帰って作る晩御飯はワンパターンな味付けばかりでした。

　そんな毎日が続いていたある日のこと。来店されたお客さまに、それまで我が家の食卓とは無縁の業務用調味料と思いこんでいた「ニワカそうす」が、実は何を作ってもおいしい万能調味料だと教えてもらったのです。それから、日々の料理は劇的に変わっていきました。外食しないと味わえなかったあの味が、ニワカそうすを使うことで魔法のように私の手で次々と出来上がっていくのです！ そのため、自分で作るのは不可能と思っていた料理に挑戦することが楽しくなりました。

　こうして、醤油を買いに来てくださったお客さまに「うちの醤油のなかに魔法のような調味料があったんですよ」と伝えていくことに。するとお客さまが口コミで広げて下さって、今ではたくさんのニワカそうすファンの方たちから、毎日のようにうれしくてありがたい声をいただくようになりました。

　そのなかでも一番多いのが「家族から料理を褒められるようになったから、もっとレシピを知りたい。ほかの方がどういう料理を作っているのか知りたい」という声です。

　この本ではニワカそうすを使って、簡単に作れる料理をご紹介しています。はじめてニワカそうすを使われる方は、あっという間においしい料理が出来上がるのできっとびっくりされることでしょう。

　これまで毎日の料理を作ることに時間をとられ、プレッシャーを感じていたあなたに、ぜひ使っていただきたい。そしてニワカそうすを使うことで生まれた時間と心の貯金を、家族とのゆとりのある食卓につなげてもらえればうれしいです。

タケシゲ醤油
代表取締役 住田友香子

ニワカそうすの自己紹介

ニワカそうすは、もともと業務用のタレとして70年以上前に開発されました。
当時は、新鮮な魚にすぐに味が染み込む、みりん干し用の調味料。
そのため、限られたお客さまから注文があったときにだけお届けする商品で、
家庭用に使われることは想定していませんでした。
それがあるとき、このタレを卸していた会社の従業員の方から、
タレを持ち帰り、ご家庭で愛用していることを教えてもらいました。

「何を作っても失敗しない、なんでもできる魔法のタレなの」

そう教えてもらい、一般家庭向けに商品化されたのが「ニワカそうす」。
なぜこんなにおいしい料理が、簡単にこれ1本で作れてしまうのか。
そんな魔法の調味料「ニワカそうす」の魅力をご紹介します。

ニワカそうすキャラクター
"ニワぽん"

美味、時短、ヘルシー、万能、まるで魔法！
ニワカそうす4つの特徴

おいしい！

日本人好みのあま〜い醤油ダレ

　ニワカそうすは、シンプルな甘い醤油ダレ。日本人なら一度は口にしたことがある味です。醤油独特のしょっぱさは、舐めただけでは感じられないので、「みたらし団子の味」と表現される人もいるほど。業務用調味料として70年以上、多くの料理人が使いその味はお墨付き！ニワカそうすを使ったお弁当のおかずを職場で分けてもらった方が、わざわざお店を尋ねてきたこともあります。

うれしい声がたくさん寄せられています！

ニワカそうすと酢で酢豚を作り、遠方の娘に届けたところ娘から「どこの中華料理屋さんのもの？　また食べたいから送って」と連絡がありました。

ニワカそうすを使うようになってから、家族に「最近ごはんがおいしいけれど、どうしたの」と聞かれます。

好き嫌いが多かった子どもが野菜を食べてくれるようになりました！

かんたん！

さっと料理にプラス
これ1本でおいしい仕上がり

　ニワカそうすは、タケシゲ醤油秘伝の製法により、味が素材に染み込むスピードが速いため、さっと塗るだけでおいしく仕上がります。さらに塩分量も控えめなので少々入れ過ぎても、「しょっぱすぎる」なんて失敗もなし！　砂糖や醤油、みりんなどをわざわざ計り、味付けをする過程も必要ないので、簡単に料理を仕上げられるのが魅力です。

疲れて帰ってきても、肉と野菜を炒めてニワカそうすを絡めれば、家族が喜ぶ料理が出来上がり！

ニワカそうすの自己紹介

ヘルシー！

醤油より塩分控えめ
カロリーは上白糖の半分以下

　甘い醤油ダレと聞くと、「砂糖も塩分もたっぷりでなんだか体に悪そう」とイメージされる方もいるのではないでしょうか。でもニワカそうすはとってもヘルシー。例えばニワカそうすの塩分量はたったの6%。スーパーなどで販売される醤油は15%前後、減塩醤油は8〜9%なので、ニワカそうすに含まれる塩分量は圧倒的に少ないのです。100gあたりのカロリーも上白糖384kcalに対して、179kcalと半分以下！ とろみがあるので食材に絡みやすく、味もしっかり染み込む特性があるので使用量も少なくすみ、日々の食事がヘルシーに仕上がります。

使用量 **少量**でもちゃんとおいしい！

カロリー 上白糖の**半分以下**

塩分量 たった**6%**

いろいろ作れる！

和洋中、どんな料理もおまかせ

　そもそも醤油は300種類以上の香り成分を持つといわれていて、さまざまな食材と相性がいい調味料。醤油などが持つうま味やコクに、日本酒やワイン、紹興酒といった酒類、さらにみりんをプラスしたものは、和洋中にかかわらず、多くの料理のベースになります。ニワカそうすはこの味付けの基礎となる要素が1本にまとまっているため、さまざまな料理に使うことができるのです。さらに、ニワカそうすは短時間で食材のうま味と混ざり合い、馴染みます。カレーやスープなどにニワカそうすを加えれば、一晩煮込んだかのような奥深い味に仕上がるのもこのおかげ。たくさんの食材のうま味をうまく引き立てるまとめ役が、ニワカそうすなのです。

洋食 / 和食 / 中華 / スイーツ

Contents

02　はじめに

04　ニワカそうすの自己紹介

10　本書のルール

11　帰ったらすぐ食べたい！ 忙しい日の

5分レシピ

12　カツオのステーキ

14　アジのなめろう

16　厚揚げのみぞれあんかけ

18　蒸し魚

20　タコとレンコンのガーリック炒め

22　タケノコのツナマヨ

24　サバ缶のみぞれ煮

26　コラム1　ニワカそうすの野菜炒めいろいろ

28　コラム2　5分でできる お惣菜・冷凍食品アレンジごはん

30　コラム3　ニワカそうすのアレンジいろいろ

33　簡単だけど、おなかいっぱいになりたい日の

10分レシピ

34　豚肉とキウイ炒め

36　野菜スープ

38　ボロネーゼ

40　牛丼

42　鶏のオレンジソース

44　プチトマトの豚肉炒め

46　ナスのナムル

48　コラム4　前日下準備で当日楽々 ニワカそうすの漬け置きレシピ

Enjoy cooking with Niwaka sauce!

69 ● 家族のリクエストに応える日の
20分レシピ

- 70 ・ バジルとクルミのパスタ
- 72 ・ ビーフシチュー
- 74 ・ ポパイライス
- 76 ・ 豚角煮
- 78 ・ ナスのシュウマイ
- 80 ・ 野菜ジュース煮込みのハンバーグ
- 82 ・ 麻婆豆腐
- 84 　コラム6　ニワカそうすで作る、余裕がある日のごはん
- 88 　コラム7　ニワカそうすで休日ブランチ

51 ● ちょっとだけ頑張れる日の
15分レシピ

- 52 ・ イワシの香草焼き
- 54 ・ コロッケ
- 56 ・ サーモンとセロリの酒かすソース
- 58 ・ 塩サンマの甘露煮
- 60 ・ ピリ辛手羽先
- 62 ・ きつねうどん
- 64 　コラム5　ニワカそうすのお弁当

- 90 　小高い森に佇む直売店
  　「招くしょうゆ屋」へようこそ
- 92 　ニワカそうすファミリーのご紹介
- 94 　おわりに

本書のルール

・材料の分量は大人2人、子ども2人の計4人分を基本にしています。

・大さじ1は15cc（ml）、小さじ1は5cc（ml）、1カップは200cc（ml）です。

・レンジの加熱時間は600Wで想定しています。

・フライパンなどで食材を炒めるときは、環境に応じて炒め油（サラダ油）をご利用ください。

5 min recipes
with
Niwaka sauce

帰ったらすぐ食べたい！ 忙しい日の

5分
レシピ

用事が長引いたり、仕事で残業になったりした日は、
ごはんも素早く作りたい！
そんな日にぴったりの超スピードレシピです。

カツオのステーキ

魚嫌いの子どもも喜ぶボリューム満点なおかず

材料

- カツオのたたき…1冊
- ニンニク…1片
- ショウガ…適量
- バター…10g
- ニワカそうす…大さじ1
- ネギ(小口切り)…適量

1.

カツオのたたきを1cm幅に切る。ニンニクはスライス、ショウガはみじん切りにする

2.

フライパンにバターを溶かし、ニンニクとカツオのたたきを加えて表面を軽く炒め、火を止める

3.

ニワカそうすを全体に絡めて皿に盛り、ショウガとネギをのせる

> **Point!**
> 白髪ネギやカイワレなどを添えると、より華やかに仕上がります。

アジのなめろう

ごはんにのせて食べたい豪快な漁師飯

材料

- ショウガ…1片
- アジ(刺身用)…2尾
- ネギ(小口切り)…大さじ2
- ニワカそうす…大さじ1
- 味噌…大さじ1/2

1.

ショウガをみじん切りにし、アジと合わせて、包丁でたたいて細かくする

2.

ネギ、ニワカそうす、味噌を加えて、さらにたたきながら混ぜ合わせる

Point !
お好みでうずらの卵やスプラウトを添えると華やかに仕上がります。

厚揚げのみぞれあんかけ

薬味たっぷりで食欲増進！

材料

- 厚揚げ…2丁
- 大根…100g
- ショウガ…適量
- ネギ(小口切り)…大さじ4
- ニワカそうす…大さじ4

1.

大根とショウガをすりおろす。厚揚げは一口大に切り、フライパンで両面に焼き目を付ける

2.

皿に厚揚げを盛り付け、大根おろし、ショウガ、ネギをかけて最後にニワカそうすをかける

レシピメモ

お財布に優しいのに、食べ応えありで大満足！　厚揚げの代わりに、薄く小麦粉をまぶした木綿豆腐を揚げ焼きしてもOK。薬味をたっぷりかけて召し上がれ。

蒸し魚

魚のうま味がぎゅっと詰まった逸品

> **材料**

- お好みの魚(ブリや鯛、カサゴなど)…4人分
- 料理酒…少々
- ショウガ…適量
- ネギ(白い部分)…適量
- ニワカそうす…魚(20cm)1匹に対し大さじ1

1.

耐熱容器に魚を入れ、料理酒をふりかけてラップをし、レンジで1〜3分ほど魚の大きさに合わせて加熱する

2.

ショウガは千切りに、ネギは白髪ネギにする

3.

1で加熱した魚を皿に盛る。残った蒸し汁とニワカそうす、2を混ぜ合わせて魚にのせる

> *Point!*
>
> 魚をレンジで加熱する時間は、ブリの切り身であれば1分、小ぶりな鯛1匹であれば3分程度になります。

タコとレンコンのガーリック炒め

バターとニワカそうすでコクが際立つ

材料

- レンコン…200g
- 茹でダコ…180g
- ニンニク…1片
- バター…10g
- オリーブオイル…大さじ1
- ブラックペッパー…適量
- ニワカそうす…大さじ1

1.

レンコンは5mm幅に切り、ラップをしてレンジで2分加熱する。その間に茹でダコを食べやすい大きさに切り、ニンニクをスライスする

2.

フライパンにバターとオリーブオイルを熱し、ニンニクを炒めて香りを付けたら、レンコン、タコを加えて軽く炒める

3.

ブラックペッパーで味を調えたら火を止めて、ニワカそうすを全体に絡める

レシピメモ

ぷりぷりのタコとほくほくのレンコンの食感が楽しい一皿。ニンニクの香りが食欲をそそり、おかずとしても、おつまみとしてもおすすめです。

タケノコのツナマヨ

和えるだけで子どもも食べやすい副菜に

材料
- タケノコの水煮…300g
- ツナ缶…1缶
- ニワカそうす…大さじ2
- マヨネーズ…大さじ2

1.

タケノコを食べやすい大きさに切る

2.

油を軽く切ったツナ缶、ニワカそうす、マヨネーズを1に加えて絡める

> **Point!**
>
> タケノコの水煮の臭いが気になる場合は、酒を加えた熱湯で下茹でしてください。ニワカそうすとマヨネーズの「照りマヨソース」は、エビマヨやお好み焼きソース、唐揚げソースとしても使えます。ツナマヨには、グリーンピースをトッピングすると、春らしい盛り付けになります。

サバ缶のみぞれ煮

レンジでチンして、あっという間に完成！

材料

- サバの水煮缶…2缶
- 大根…200g
- ニワカそうす…大さじ4
- ネギ（小口切り）…大さじ4

1.

大根をおろし、ニワカそうすを加えて混ぜる

2.

皿にサバの水煮を入れ、1をさばの周りに加えたらラップをして約1分温めて、ネギをかける

レシピメモ

看護師として働きながら、家では家事・育児をこなす忙しいお客さまから教えてもらったレシピ。簡単なのにおいしくて、ご家族のみなさんに大変好評だそうです。

もやしと挽肉の炒め物

セロリとイカ炒め

コラム ①

ニワカそうすの 野菜炒めいろいろ

冷蔵庫の残り物で
ぱぱっとできる野菜炒めも、
ニワカそうすで仕上げると
簡単に味が決まって、
コクのある仕上がりに。
「あともう一品」にもぴったりです。

さつま芋のシナモン炒め

トマトとアボカドの卵炒め

ニラたま

もやしと挽肉の炒め物

材料

- パプリカ…1/2個
- ピーマン…1個
- 合挽肉…200g
- もやし…1袋
- 塩コショウ…少々
- ニワカそうす
  …大さじ2

1. パプリカとピーマンは千切りにしておく
2. 合挽肉を炒めたら、もやし、パプリカ、ピーマン、塩コショウを加えてさっと炒める。火を止めてニワカそうすを全体に絡める

トマトとアボカドの卵炒め

材料

- トマト…大1個
- アボカド…1個
- 卵…2個
- 塩コショウ…少々
- ニワカそうす
  …大さじ1

1. トマトとアボカドを食べやすい大きさに切る
2. トマト、アボカドを炒めたら、卵を溶いて加え、軽く混ぜながら火を入れる。塩コショウし火を止めて、ニワカそうすを全体に絡める

セロリとイカ炒め

材料

- セロリ…2本
- ショウガ…1片
- イカ…1杯
- ごま油…大さじ1
- ニワカそうす…大さじ2

1. セロリは細切りに、ショウガは千切りに、イカは切り込みを細かく入れて一口大に切る
2. ごま油を熱し、セロリとイカを炒める。イカに火が通ったら火を止めて、ニワカそうすとショウガを全体に絡める

さつま芋のシナモン炒め

材料

- さつま芋…中1個
- フライドオニオン
  …大さじ2
- ニワカそうす…大さじ1
- シナモン…少々

1. さつま芋は5mm幅にスライスして炒める
2. フライドオニオンも加えて全体を混ぜる。火を止めて、ニワカそうすとシナモンを全体に絡める

ニラたま

材料

- ニラ…1束
- 卵…4個
- ごま油…大さじ2
- ニワカそうす…大さじ2

1. ごま油(大さじ1)を熱し溶き卵を流し入れ、ふんわり混ぜながら炒めたら、皿に出しておく
2. ニラを5cm幅に切る。①で使ったフライパンに残りのごま油を入れて熱し、ニラを加えてさっと炒める
3. 卵を加えて混ぜたら火を止めて、ニワカそうすを全体に絡める

コラム ❷

5分でできる
お惣菜・冷凍食品アレンジごはん

かき揚げ丼

材料

- ニワカそうす…大さじ1〜3
- 湯…大さじ2〜4（お好みで）
- ごはん…お茶碗4杯分
- かき揚げ（お惣菜）…4個
- 三つ葉など…お好みで

1. ニワカそうすに湯を加える
2. 器にごはんを入れ、かき揚げをのせて、①を上からかける。お好みで三つ葉などを添える

COLUMN 2

ときには肩の力を抜いて、こんなごはんはいかが。
市販品も、ひと手間加えれば立派なごちそうです。

冷凍肉団子のアレンジ

材料

- 冷凍肉団子…500g
- 玉ネギ…1個
- ピーマン…2個
- パプリカ…1個
- ニワカそうす…大さじ2
- 酢…大さじ2

1. 冷凍肉団子をレンジで解凍する
2. 玉ネギ、ピーマン、パプリカを食べやすい大きさに切る
3. フライパンに油を熱し②の野菜を炒めたら、①を加えて混ぜる
4. 全体に火が通ったら火を止めて、ニワカそうすと酢を絡める

コラム ❸

ニワカそうすの
アレンジいろいろ

ニワカそうすは
そのままソースとして使っても
おいしいですが、
家にある調味料や食材をプラスすれば、
楽しみ方が広がります。
なかでもおすすめのアレンジを
ご紹介します。

中華ドレッシング

ニワカそうす(小さじ1)、ごま油(大さじ3)、酢(大さじ3)、豆板醤(少々)、ゴマ(少々)を混ぜ合わせる

◉おすすめ料理
生春巻き、春雨サラダ、蒸し鶏、肉まん

焼肉のたれ

玉ネギとリンゴ(各1個分)をすりおろし、みりん(大さじ2)と合わせて火が通るまで炒める。味噌(大さじ2)を加えて全体になじませたら火を止めて、ニワカそうす(大さじ4)を混ぜ合わせる。お好みでブラックペッパーで味を調える

◉おすすめ料理
焼肉、ハンバーグ、野菜炒め、バーベキュー

野菜ドレッシング

ニンジンやパプリカなど好きな野菜のみじん切り(大さじ1)、ニワカそうす(小さじ1)、酢(大さじ3)、オリーブオイル(大さじ3)を混ぜ合わせる

◉おすすめ料理
野菜サラダ、プレーンオムレツ、サラダパスタ

トンカツソース

ニワカそうす(大さじ3)、トマトケチャップ(大さじ2)、マヨネーズ(大さじ1)、すりゴマ(大さじ2)、和カラシ(少々)を混ぜ合わせる

◉おすすめ料理
豚カツ、チキンカツ、エビフライ

お好み焼きソース

ニワカそうす(大さじ1)、マヨネーズ(大さじ1)を混ぜ合わせる

◉おすすめ料理
お好み焼、焼きそば、エビマヨ、マグロとアボカド丼

和風ハンバーグソース

大根おろし(1カップ)、ニワカそうす(大さじ4)、ブラックペッパー(少々)を混ぜ合わせる

◉おすすめ料理
ハンバーグ、ポークステーキ、冷しゃぶ

カラメル風スイーツソース

ニワカそうす(小さじ1)、メイプルシロップ(大さじ3)、バニラエッセンス(少々)を混ぜ合わせる

◉おすすめ料理
バニラアイスクリーム、プリン、大学芋

「野菜も食べられるようになったよ」
「はじめて、逆上がりができたの！」
毎日の食事の時間は、子どもの成長を感じられる大切なひととき。
仕事に家事に忙しくても、
子どもたちの笑顔があるから頑張れるのです。
食事作りは素早く終えた分、
たっぷり取れる家族の時間に心がほぐれていきます。

Life with a Niwaka sauce

10 min recipes
with
Niwaka sauce

簡単だけど、おなかいっぱいになりたい日の

10分
レシピ

「おなかがペコペコ！」
そんな日は、簡単なのに満足できるごはんに決まり！
メインにスープ、小鉢まで、あっという間に作れます。

豚肉とキウイ炒め

甘酸っぱいキウイがアクセント

材料

- キウイ…1個
- 豚薄切り肉…400g
- 塩コショウ…適量
- ニワカそうす…大さじ2

1.

キウイは皮をむき5mm幅に、豚肉は5cm幅に切る

2.

フライパンで豚肉を炒め塩コショウしたら、キウイを加えてさらに炒める

3.

全体に火が通ったら、火を止めてニワカそうすを加え絡める

Point!

キウイは、酸味がしっかりある熟す前のものを使うのがおすすめです。

野菜スープ

素材のうま味をニワカそうすがまろやかにまとめます

材料

- A
  - セロリ…1本
  - プチトマト…12個
  - 冷蔵庫のあまり野菜（ズッキーニ、ヤングコーン、スイスチャード、きのこ類など）…適量
- ベーコン…100g
- ソーセージ…4本
- オリーブオイル…適量
- 水…800cc
- 塩コショウ…少々
- ニワカそうす…大さじ1

1.

Aとベーコンは食べやすい大きさに切る

2.

オリーブオイルでセロリとベーコンを炒め、香りが出たらソーセージを加える。塩コショウし、残りの野菜と水を加えて煮る

3.

全体に火が通ったら、ニワカそうすを加えて味を調える

レシピメモ

少しだけ残ってしまった野菜をきれいに使い切るときに助かるレシピ。今回は夏野菜を中心に作りましたが、冬はカボチャやカブ、ほうれん草などを使います。

ボロネーゼ

ニワカそうすで本格パスタの出来上がり！

材料

- 玉ネギ…1/2個
- ニンジン…1/2本
- ニンニク…適量
- パスタ…4人分
- オリーブオイル…大さじ1
- 合挽肉…200g

- A
  - オレガノ…小さじ1
  - ケチャップ…大さじ6
  - ニワカそうす…大さじ6
- バター…20g

1.

玉ネギ、ニンジン、ニンニクをみじん切りにする

2.

パスタを鍋で茹でながら、オリーブオイルを熱したフライパンで1を炒め、合挽肉を加えてさらに炒める

3.

2のフライパンにAを加えて混ぜ、バターを絡めたパスタにのせる

Point！

食べる直前にお好みで粉チーズやオリーブをトッピングしてもGood！

牛丼

野菜と肉のうま味が染み出た愛されメニュー

材料

- 玉ネギ…1個
- ゴボウ…1/2本
- 牛切り落とし肉…400g
- 水または料理酒…1/2カップ
- ニワカそうす…大さじ4〜8
  (お好みで調整)
- ごはん…4杯分
- クレソン…8本

1.

玉ネギとゴボウを薄切りにする。牛肉、水または料理酒とともに耐熱容器に入れ、ラップをしてレンジで8分加熱する

2.

ニワカそうすを加えて全体を混ぜる

3.

ごはんを器に盛り、2をかけクレソンを添える

Point!

半熟の茹で卵に衣を付けて揚げた「揚げ玉子」を添えれば、ボリュームアップ！

鶏のオレンジソース

爽やかなオレンジとニワカそうすは相性◎

材料

- オレンジ…1個
- 鶏モモ肉…750g(約3枚分)
- コショウ…少々
- バター…10g
- ニワカそうす…大さじ3

1.

オレンジの半分を5mm幅の輪切りにし、残りの半分は果汁を搾っておく

2.

鶏肉に、コショウをまぶしたらフライパンにバターを溶かして焼く

3.

輪切りのオレンジを加え、表面に少し焦げ目が付くくらいに炒める。オレンジの搾り汁を回しかけ、肉全体になじませる

4.

火を止めてニワカそうすを全体に絡める

> **Point!**
> オレンジの代わりに、カボスやレモンを使ってもおいしく仕上がります。

プチトマトの豚肉炒め

トマトの酸味と肉のうま味がニワカそうすで倍増

材料

- 豚バラ薄切り肉…400g
- プチトマト…16個
- ニワカそうす…大さじ3
- サラダ野菜(レタス、スイスチャード、パプリカなど)…200g

1.

豚肉を炒め、へたを取ったプチトマトを加えて炒める

2.

トマトの皮が破れはじめたら火を止めて、ニワカそうすを絡める

3.

大きめに切ったレタスやスイスチャード、パプリカなどのサラダ野菜を皿に盛り、2を盛り付ける

レシピメモ

ニワカそうすで甘辛く炒めた豚肉と爽やかな酸味のトマトの相性は抜群！ トマトをナスに変えた「豚ナス」もファンが多い人気メニューです。

ナスのナムル

味が染みにくいナスもニワカそうすで簡単調理♪

材料

- ナス…2本
- ミョウガ…2個
- 大葉…5枚
- サラダチキン…1個
- ニワカそうす…大さじ2
- 酢…大さじ2
- ごま油…大さじ1

1.

ナスに細かく切れ目を入れ、一口大の大きさに切る。耐熱容器に入れてラップをし、レンジで5分加熱する

2.

ミョウガと大葉は千切りにし、サラダチキンは手で割いて、1に混ぜ合わせる

3.

ニワカそうす、酢、ごま油を加えてよく絡める

レシピメモ

サラダチキンの代わりに、刺し身用のイカやサーモンを合わせるのもおすすめ。ワインのおつまみにもぴったりの、華やかなデリ風に仕上がります。

ローストビーフ

材料

- 牛肉(かたまり肉)…400g
- ブラックペッパー…小さじ2
- ニンニク…適量
- ショウガ…適量
- ニワカそうす…大さじ2

前日

1. ブラックペッパーを牛肉全体にもみ込む。ニンニクとショウガはすりおろす
2. 保存用ビニール袋に①をすべて入れ、ニワカそうすを加えて肉全体に絡めたら、空気を抜き冷蔵庫へ入れる

当日

1. 前日に漬け込んだ牛肉を耐熱容器に入れてラップをし、レンジで2分半加熱する
2. 牛肉を裏返してラップをし、さらに2分半加熱する
3. スライスして皿に盛る

コラム ❹

前日下準備で当日楽々
ニワカそうすの漬け置きレシピ

「明日は忙しくなりそう」。
そんなときにおすすめなのが、
前夜に下準備を済ませる「漬け置きレシピ」。
一晩かけて食材にしっかり味が付くので、
当日は簡単な調理で夕食の出来上がりです。

スパイシーチキン

材料

- ヨーグルト…大さじ3
- ニワカそうす…大さじ3
- ガラムマサラ…大さじ1
- 鶏モモ肉…400g

前日

1. 保存用ビニール袋にヨーグルト、ニワカそうす、ガラムマサラを入れて混ぜる
2. 鶏肉を加えて、全体に浸して冷蔵庫に入れる

当日

1. 前日に漬け込んだ鶏肉をフライパンで蓋をして両面を焼く
2. 鶏モモ肉が焼けたら皿に盛り、フライパンに漬けダレを入れてひと煮たちさせ肉にかける

半熟煮たまご

材料

- 卵…4個
- 酢…大さじ1
- ニワカそうす…大さじ2

前日

1. 鍋に卵を入れ、浸るくらいの水（分量外）と酢を加える
2. 鍋を強火にかけ、沸騰直前に中火にし7分茹でたら、冷水に卵を入れ殻をむく
3. 保存用ビニール袋に②の卵を入れ、ニワカそうすを加えて全体になじませ冷蔵庫に入れる

当日

1. 保存用ビニール袋から出せば完成

Life with a Niwaka sauce

夫婦そろっての夕食は、
大切なコミュニケーションの時間。
庭に咲いていたバラを花瓶に生けて、
お気に入りのテーブルクロスで準備OK。
ボリューム満点のローストビーフに、
栄養たっぷりの野菜スープ。
ときにはワインにパンも用意して、
ゆっくり食事と会話を楽しみましょう。

15 min recipes
with
Niwaka sauce

ちょっとだけ頑張れる日の

15分
レシピ

心や体に余裕がある日は、
ちょっとだけ頑張ってごはんづくり。
15分レシピなら、
ゆったりくつろげる時間も確保できて、大満足！

イワシの香草焼き

魚の臭みも消してくれる絶品ソースが決め手

材料

- イワシ(三枚おろし)…10尾
- 塩コショウ…少々
- 小麦粉…少々
- ニワカそうす…大さじ2
- バルサミコ酢…小さじ1
- オリーブオイル…大さじ2
- ローズマリー…少々

1.

イワシに軽く塩コショウして小麦粉を薄く付けておく

2.

ニワカそうすとバルサミコ酢を混ぜる

3.

耐熱皿にオリーブオイル(分量外)を薄く塗り、イワシを並べ、オリーブオイルを回しかける。2をイワシにかけ、ローズマリーをのせて250度のオーブンで10分加熱する

> *Point!*
>
> 耐熱皿ではなく、オーブンの鉄板にクッキングシートを敷いてイワシを並べて焼いてもOK。ニワカそうすとバルサミコ酢を合わせたソースは、牛肉や鶏肉の味付けにもおすすめです。

コロッケ

ニワカそうすの下味でジューシーに

材料

- ジャガイモ…4個
- A
  - 合挽肉…200g
  - フライドオニオン…大さじ3
    ※みじん切りにした玉ネギをレンジで1分加熱したものでも可
  - ニワカそうす…大さじ1
- 小麦粉…適量
- 溶き卵…適量
- パン粉…適量

1.

ジャガイモは皮をむき、サイコロ状に小さく切って耐熱容器に入れ、ラップをしてレンジで5〜6分加熱する

2.

Ⓐを①に加えて混ぜ合わせ、ラップをしてさらにレンジで3分加熱する

3.

②を8等分し丸く形成し、小麦粉、溶き卵、パン粉を順番につけて油で揚げる

Point !

そのままでもおいしいですが、ニワカそうすにトマトケチャップを混ぜた洋風ソースも相性抜群です。

サーモンとセロリの酒かすソース

クセがある酒かすも食べやすい味に

材料

- サーモン（切り身）…4切れ
- セロリ…1本
- 酒かす…大さじ1
- 湯…大さじ1
- ニワカそうす…大さじ1

1.

サーモンを一口大、セロリを斜めに薄くスライスする。酒かすは湯で溶かし、ニワカそうすと混ぜ合わせる

2.

サーモンの両面を焼き、セロリを加えて炒める

3.

火を止めたら1の酒かすソースを加えて全体に絡める

レシピメモ

酒かすの華やかでほんのり甘い香りが鼻に抜ける、ちょっぴり大人味の一品です。ごはんのおかずだけでなく、日本酒や焼酎のアテとしても活躍します。

塩サンマの甘露煮

材料わずか、手間いらずで失敗なし！

材料

- 塩サンマ…2本
- ショウガ…少々
- ニワカそうす…大さじ2

1.

塩サンマは頭を落として身を4等分に、ショウガは千切りにして、圧力鍋に入れる。ひたひたになるまで水（分量外）を加え、高圧で10分加熱する

2.

ボウルに取り出してニワカそうすを全体に絡める

Point!

圧力鍋ではなく普通の鍋を使う場合は、塩サンマがひたひたに浸かるくらいまで水を入れて、20分ほどコトコト煮てから②の手順に移ります。

ピリ辛手羽先

おつまみにもなるピリ辛おかず

材料

- 鶏の手羽先…12本
- 揚げ油…適量
- ニワカそうす…大さじ3
- 豆板醤…適量
- ゴマ…適量

1.

手羽先を耐熱容器に入れてラップをし5分加熱したら、手羽先が半分浸かるくらいの揚げ油を熱して、こんがり色がつくまで素揚げする

2.

ニワカそうすと豆板醤を混ぜ合わせたら、1に絡めゴマをかける

Point !

豆板醤の代わりに、タケシゲ醤油の「カラカ」を使うのもおすすめ。液体なのでダマになることがなく、料理に馴染みやすいです。

きつねうどん

特製手作りお揚げで出汁いらず

材料

- 油揚げ…4枚
- ニワカそうす…大さじ8
- うどん…4玉
- とろろ昆布…適量(多め)
- ネギ(小口切り)…大さじ4
- 湯…1200cc

1.

油揚げに熱湯(分量外)をかけ、しっかり油抜きをする

2.

ビニールに①を入れ、ニワカそうすを加えて全体になじむように揉み込む

3.

うどんを茹で、揚げとビニールに残ったニワカそうすを人数分の器に取り分ける。お湯を注ぎ、とろろ昆布とネギをのせる

> **Point!**
>
> 麩や卵など、好みの具をトッピングするのもおすすめです。

コラム ❺

ニワカそうすのお弁当

子どものころに食べた手作りのお弁当の味は、
大人になっても忘れられない思い出の味。
簡単だけど滋味深い、お弁当のおかずをご紹介します。

ひじき煮

材料

- 乾燥ひじき…25g
- レンコン…1/2本
- ニンジン…1/2本
- ゴマ油…大さじ1
- 枝豆…1/2カップ
- ニワカそうす…大さじ2

---

1. 乾燥ひじきは水で戻し、しっかり水気を切る。レンコンは皮をむき、薄く切って水にさらす。ニンジンは火が通りやすいよう細かく切る
2. ゴマ油を熱したフライパンで1と枝豆を炒めて蓋をする。全体がしんなりしたら火を止めてニワカそうすを絡める

小松菜のゴマあえ

材料

- 小松菜…1束
- すりゴマ…適量
- ニワカそうす…大さじ2

---

1. 小松菜は塩茹でし、5cm幅に切る
2. すりゴマとニワカそうすを混ぜ合わせ、1と和える

カリカリ梅とひじき

材料

- 乾燥ひじき…10g
- カリカリ梅…80g
- ニワカそうす…大さじ1

1. 乾燥ひじきは水で戻し、しっかり水を切る。カリカリ梅は種を取り、小さめに切っておく
2. ひじきを軽く炒めたら①を加え混ぜ合わせ、火を止めてニワカそうすを全体に絡める

万能そぼろ

材料

- 合挽肉…200g
- ニワカそうす…大さじ1

1. 合挽肉を炒めたら、火を止めてニワカそうすを全体に絡める

肉じゃが

材料

- ジャガイモ…中4個
- ニンジン…1本
- 玉ネギ…1個
- 牛薄切り肉…200g
- ニワカそうす…大さじ4

1. ジャガイモ、ニンジン、玉ネギを食べやすい大きさに切る
2. ジャガイモ、ニンジン、牛肉、玉ネギの順に耐熱容器に入れ、ニワカそうすを全体にかけてラップをし、レンジで10分加熱する
3. 蒸らしたあとに全体を混ぜ合わせる

コラム ❺ ニワカそうすのお弁当

ピーマンとちくわの小魚

材料
- ちりめんじゃこ…大さじ4
- ピーマン…2個
- ちくわ…1本
- ニワカそうす…大さじ1

1. ピーマンは細切りに、ちくわは輪切りにする
2. ちりめんじゃことピーマンとちくわを炒める。ピーマンがしんなりしたら火を止めて、ニワカそうすを絡める

野菜の豚ロール巻き

材料
- ニンジン…小1本
- キャベツ…3枚
- 豚バラ薄切り肉…200g
- ニワカそうす…大さじ2

※写真は紫キャベツを使用

1. ニンジン、紫キャベツは豚肉の幅に切りそろえて千切りにする。ふんわりラップをしてレンジで約2分半加熱する
2. 広げた豚肉の上に①をきれいに並べて、端から巻いていく
3. フライパンに油を熱し、②を巻き終わりから焼いていく。全体に火が通ったら火を止めて、ニワカそうすを絡めていく

キンピラごぼう

材料
- ゴボウ…1/2本
- ニワカそうす…大さじ1
- すりゴマ…大さじ1

1. ゴボウは5cm幅に千切りにする。耐熱容器に入れてラップをし、レンジで2分加熱する
2. ニワカそうす、すりゴマを合わせ、①と和える

Point! お好みで炒りゴマをトッピングしてください。

シイタケの佃煮

材料

- シイタケ…中10枚
- ニワカそうす…大さじ2

1. シイタケは細切りにして油で炒める。しんなりしたら火を止めてニワカそうすを全体に絡める

はりはり漬け

材料

- 切り干し大根…50ｇ
- ニワカそうす…大さじ1
- 酢…大さじ1
- 塩こんぶ、切唐辛子…お好みで

1. 切り干し大根を50度の湯で2～3分戻し、絞って食べやすい大きさに切る
2. ニワカそうすと酢、お好みで塩こんぶ、切唐辛子を加え、混ぜ合わせる

レンコンのつくね

材料

- レンコン…約200g
- 長ネギ…1/2本
- ショウガ…1.5片
- 炒め油…適量
- ニワカそうす…大さじ1

A
- 鶏挽肉…300g
- 片栗粉…大さじ1
- ニワカそうす…大さじ1
- 塩コショウ…少々

1. レンコンは皮をむき、5mm幅の輪切りを8枚切り分け、残りはすりおろす。長ネギとショウガはみじん切りにする
2. すりおろしたレンコンと長ネギ、ショウガにⒶを加え、粘りが出るまで混ぜる
3. ②を8等分にして円形に整えパットに置き、レンコンの輪切りを1枚ずつ上にのせて少し押さえる
4. フライパンに油を中火で熱し③のレンコンの面を下にして並べ、軽く押さえながら蓋をして両面を焼く
5. 全体に火が通ったら火を止めて、ニワカそうすを絡める

Life with a Niwaka sauce

いろんなおかずが少しずつ入ったお弁当。
どれもあっという間に出来上がるおかずばかりなのに、
種類が多い分、なんだかすごく
手が込んでいるように見えるのです。
おかずに時間がかからない分、
いつもより盛り付けにこだわるのも楽しいものです。

20 min recipes with Niwaka sauce

家族のリクエストに応える日の

20分
レシピ

ときには家族や大切な人の
リクエストに応えて、ごはん作り。
いつもより、さらに笑顔あふれる食卓で、
パワーチャージしましょう。

バジルとクルミのパスタ

冷凍OK！ 香り高いバジルソースが美味

材料

- A
  - ・バジル…15g
  - ・アンチョビ…2切れ
  - ・オリーブオイル…大さじ3
  - ・ニワカそうす…大さじ1
  - ・粉チーズ…大さじ2
  - ・クルミ（無塩・ロースト）…15g

- ・パスタ…4人分
- ・厚切りベーコン…120g
- ・きのこ（シメジやマイタケなどお好みで）…150g
- ・オリーブオイル…適量
- ・ニワカそうす…大さじ1

1.

ミキサーでⒶを撹拌し、バジルペーストを作る

2.

パスタを鍋で茹でながら、厚切りベーコンを5mm幅、きのこを食べやすい大きさに切り、オリーブオイルを熱したフライパンで炒める

3.

②のフライパンにバジルペーストを加えて混ぜ合わせ、火を止めてニワカそうすを加えたら、茹で上がったパスタに絡める

Point！

バジルペーストは冷凍保存も可能です。パンに付けてもおいしいですよ。

ビーフシチュー

まるで一晩煮込んだシチューのよう！

材料

- 玉ネギ…1個
- マッシュルーム…12個
- 牛薄切り肉…400g
- 塩コショウ…少々
- Ⓐ
  - ニワカそうす…大さじ1
  - 小麦粉…大さじ1

- バター…10g
- Ⓑ
  - 赤ワイン…180ml
  - 水…200ml
  - バルサミコ酢…大さじ1

- Ⓒ
  - ニワカそうす…大さじ3
  - 小麦粉…大さじ1
  - バター…30g

1.

玉ネギをスライスしてラップをし、レンジで1分加熱する。その間に、マッシュルームを食べやすい大きさに切っておく

2.

牛肉に塩コショウしてⒶを加えて揉み込む

3.

鍋にバターを溶かして、玉ネギと②を炒め、牛肉の色が半分変わったらⒷを加えて10分煮込む

4.

③にマッシュルームを加えてさらにひと煮たちさせたあと、混ぜ合わせたⒸを加えて全体になじませ、とろみを付ける

Point !

シチューを煮込む間に、野菜をスチームケースで加熱してトッピングすれば栄養バランスも抜群に。野菜は、ニンジンやペコロス、ブロッコリーなどがおすすめです。

ポパイライス

ほうれん草たっぷりの栄養満点ごはん

材料

- ほうれん草…4房
- 卵…4個
- フライドオニオン…大さじ4
- ニワカそうす…大さじ4
- ごはん…茶碗4杯分

1.

ほうれん草を塩茹でして水気を切る

2.

目玉焼きを4つ作る

3.

ミキサーにほうれん草とフライドオニオン、ニワカそうすを入れ撹拌し、ペースト状にする

4.

ごはんに3を混ぜ合わせ、器に盛り付けたら目玉焼きをのせる

Point!

ポパイライスの素となるペーストは、たくさん作って冷凍保存しておくこともできます。

豚角煮

味付けはニワカそうすだけの簡単レシピ♪

材料

- 豚バラブロック肉…400g
- 八角…1つ（あれば）
- ニワカそうす…大さじ2

1.

食べやすい大きさに切った豚肉と八角を圧力鍋に入れ、肉が浸かるくらいの水（分量外）を加えて、高圧で15分加熱する

2.

圧力鍋から肉を取り出し、ニワカそうすを全体にまんべんなく絡める

Point !
白髪ねぎや唐辛子を飾れば、大人の雰囲気に仕上がります。

ルーローハン

豚の角煮を簡単アレンジ！

材料

- 豚角煮…300g
- ショウガ…1片
- ニワカそうす…大さじ6
- ごま油…大さじ2
- 五香粉…小さじ1
- ご飯…4杯分
- 煮卵…4個（P49で紹介）
- パクチー、高菜、チンゲン菜など…お好みで

1. 豚の角煮を細かく切りショウガのみじん切りと五香粉、ごま油を加えて全体を混ぜレンジで温める
2. 丼にご飯を盛り、1と煮卵をのせる。お好みでパクチーや高菜、チンゲン菜を加える

77

ナスのシュウマイ

とろ～りナスからうま味がじゅわり

材料

- ナス…1本
- ニワカそうす
  …ナスの器1つに対し小さじ1
- ショウガ…適量
- 玉ネギ…1/8個
- ネギ（小口切り）…大さじ1

A
- ニワカそうす…大さじ1
- 片栗粉…大さじ1
- 豚挽肉…150g

- キャベツ…3枚

【スイートチリソース】
- ニワカそうす…大さじ2
- 酢…大さじ2
- レモン汁…大さじ1
- 豆板醤…小さじ1～

※好みの辛さで調整

1.

ナスは5cm幅の輪切りにし軽量スプーンで身をくり抜いて器を作ったら、小さじ1ずつニワカそうすを入れておく

2.

1でくり抜いた部分のナス、ショウガ、玉ネギ、ネギを細かく切り、Aとともに混ぜ合わせる

3.

1の器部分のナスに2を詰めていく

4.

耐熱容器にキャベツを敷き3を並べ、ラップをしてレンジで10分加熱しお皿に盛る

5.

スイートチリソースの材料をすべて混ぜ合わせたら、4に添える

Point!

豆板醤の代わりに、ニワカそうすの姉妹商品「カラカ」を使えばダマにならず、鮮やかに仕上がります。

野菜ジュース煮込みのハンバーグ

野菜ジュース&ニワカそうすで濃厚コクうまソースに変身

材料

- ハンバーグ（形成済みのもの）…4個
- 野菜ジュース…200ml
- ニワカそうす…大さじ1
- サラダ油…適量

1.

フライパンでサラダ油を熱し、ハンバーグを中火で蓋をしながら両面焼く

2.

ハンバーグが焼けたら、野菜ジュースとニワカそうすを加えて混ぜて煮込み、ひと煮たちさせる

レシピメモ

ハンバーグは、「ニワカそうすとケチャップの組み合わせが一番」と思っていた男性スタッフが、思いつきでケチャップを野菜ジュースに変えてみたところ、これが大成功！　味見をさせてもらったみんなから「とってもおいしい！」と褒められていました。

麻婆豆腐

難しい味付けも、ニワカそうすで簡単に

材料

- もめん豆腐…2丁
- 長ネギ(白い部分)…1本
- ニンニク…1片
- ショウガ…1.5片
- サラダ油…適量
- 豚挽肉…400g

A
- ニワカそうす…大さじ2
- 豆板醤…大さじ1/2 ※お好みで調整
- 鶏ガラスープの素…小さじ2
- 水…100ml

1.

豆腐は1.5〜2cm角に切り、長ネギ・ニンニク・ショウガはみじん切りにする

2.

フライパンに多めのサラダ油を熱し、長ネギ、ニンニク、ショウガを炒め、香りを付けたら豚挽肉、豆腐の順に加えて火を通す。Ⓐを加えてひと煮たちさせる

Point!

豆板醤、鍋とスープの素の代わりにタケシゲ醤油の「カラカ」「鍋とスープの素」を使うのもおすすめ。「鍋とスープの素」なら、小さじ1杯の少量で味が決まります。

コラム ❻

ニワカそうすで作る、
余裕がある日のごはん

COLUMN 6

家族がそろう休日は、いつもより少しだけ時間をかけて食事作り。
いつもの食卓にちょっとだけハリがでて、家族の会話も弾みます。

コラム 6　ニワカそうすでつくる、余裕がある日のごはん。

ボルシチ

材料

- 玉ネギ…1個　・ニンジン…1本
- ビーツ缶詰(スライス)…120g
  ※缶詰の汁を100ml別に取っておく
- 牛小間切れ肉…300g
- サラダ油…大さじ1と1/3　・塩コショウ…少々
- ニワカそうす…大さじ2　・水…400ml
- 水切りヨーグルトまたはサワークリーム…適量

---

1. 玉ネギを薄切りにし、ニンジンを一口大に切る
2. ビーツは少し太めに千切りにする
3. 鍋でサラダ油を熱し、牛肉を炒める。半分くらい色が変わったら1を加えてさらに炒める
4. 2と缶詰の汁を加えて塩コショウし、ニワカそうす、水を加えて6〜7分煮込む
5. 器に盛り、水切りヨーグルトかサワークリームをのせる

Point!
お好みでネギやミョウガなど、薬味を加えるのもおすすめです。

とうもろこしごはん

材料

- 米…2合
- とうもろこし…1本
- バター…10g
- ニワカそうす…大さじ2

---

1. 炊飯釜に洗った米と2合分の水(分量外)を入れる
2. 皮とヒゲを取ったとうもろこし、バターを炊飯釜に加えて炊く
3. ごはんが炊けたら、とうもろこしを取り出して包丁で芯から実をそぎ落し、ごはんに混ぜ込む
4. 最後にニワカそうすをまわしかけて味を調える

Point!
ビターソースはプリンとも相性抜群です。

チーズアイスのビターソース

材料

- ドライフルーツ…60g ・ナッツ類…100g
- 生クリーム…200ml ・クリームチーズ…200g
- グラニュー糖…50g

【ビターソース】
- インスタントコーヒー…小さじ1
- 湯…小さじ1/2
- ニワカそうす…小さじ1/2
- メイプルシロップ…大さじ2

1. ドライフルーツとナッツ類は細かく刻み、生クリームは泡立て器で少しすくえるくらいに泡立てる
2. 室温に戻したクリームチーズをヘラで滑らかになるまで混ぜ、グラニュー糖を加えて全体をしっかり混ぜる
3. ②に生クリームを加えて全体を混ぜ合わせる。さらにナッツとドライフルーツを加えてさっと混ぜ、オーブンシートを敷いた型に流し入れて冷蔵庫で一晩冷やし固める
4. 食べる直前にビターソースを作る。インスタントコーヒーを湯で溶かし、ニワカそうすとメイプルシロップを加えて混ぜ合わせる
5. ③を型から出して食べやすい大きさに切り、皿に盛ったあとビターソースをかける

ハッセルバックポテト

材料

- ジャガイモ…4個
- バター…適量
- ベーコン…適量
- チーズ…適量
- ニワカそうす…大さじ2

1. まな板の上に割りばし2本を隙間を開けて置く。その上に皮付きのジャガイモをのせ、下の一部がつながるように細かく切れ目を入れ、一度水洗いしておく
2. 耐熱容器にジャガイモを並べ、バターを上にのせてラップをしたら、レンジで10分加熱する
3. 加熱したジャガイモの切れ目に、ベーコンやチーズなどを挟む
4. グリル用の皿にジャガイモを入れ、魚焼きグリルかオーブンで焦げ目が付くまで焼く
5. 最後にニワカそうすをかける

グラノーラ

保存ができるグラノーラはたっぷり手作り

材料　10人分

- 無塩ナッツ類（アーモンド、くるみ、ピスタチオなど）…120g
- オーツ麦フレーク…350g
- シナモンパウダー…小さじ2
- ハチミツ…大さじ2
- ニワカそうす…大さじ1
- ドライフルーツ…120g

---

1. ナッツ類は食べやすい大きさに切っておく
2. オーツ麦フレークとシナモンパウダーを混ぜ合わせ、①を加える
3. ②にハチミツとニワカそうすを加えて全体をまんべんなくかき混ぜておく
4. 鉄板にオーブンシートを敷き、③を平らにのせて160度に予熱したオーブンで15分焼く
5. オーブンから一度取り出しドライフルーツを加えて混ぜ合わせ、さらに5分焼く

コラム ❼

ニワカそうすで休日ブランチ

ゆっくりできるお休みの日は、
家族でブランチを楽しみましょう。

アボカドベーコンエッグ

材料 食パン1枚分

- 食パン…1枚
- ベーコン…1枚
- アボカド…1個
- マヨネーズ…大さじ1
- うずらの卵…1個
- ニワカそうす…大さじ1

1. 食パンの上に、ベーコンと食べやすい大きさに切ったアボカドをのせる
2. マヨネーズを塗り、その上にうずらの卵を割り入れたら、トースターで卵が好きな硬さになるまで焼く
3. 焼けたトーストに上からニワカそうすをかける

プチトマトとオイルサーディン

材料 食パン1枚分

- 食パン…1枚
- プチトマト…適量
- オイルサーディン…適量
- オリーブ…適量
- チーズ…適量
- ニワカそうす…大さじ1

1. 食パンにスライスしたプチトマトとオイルサーディン、オリーブをのせ、チーズとニワカそうすをかけてトースターで焼く

シナモンバナナとチーズ

材料 食パン1枚分

- 食パン…1枚
- バター…適量
- バナナ…1/2本
- シナモン…少々
- チーズ…適量
- ニワカそうす…小さじ1/4
- メイプルシロップ…大さじ1

1. バターを薄くパンに塗り、スライスしたバナナをのせ、シナモンとチーズをかけてトースターで焼く
2. ニワカそうすとメイプルシロップを混ぜてソースを作り、1にかける

COLUMN 7

ニワカのパン3種

材料をそろえたら、思い思いにトッピング♪

小高い森に佇む直売店
「招くしょうゆ屋」へようこそ

ニワカそうすや醤油をはじめ、さまざまな調味料を販売する
「タケシゲ醤油」の直売店へ遊びにきませんか。
福岡の街並みを望む、住宅街の小高い森にある
小さなお店の様子をご紹介します。

博多駅からはバスに揺られて20分ちょっと、さらにそこから歩いて5分……。「確かこの辺りに」と地図を見るものの店を見つけることができない。冗談で、「日本一、分かりにくい醤油屋かも」と言われることもあるのが、タケシゲ醤油の直売店「招くしょうゆ屋」です。

　タケシゲ醤油の歴史は古く、創業は250余年前のこと。当時は「五福醤油」という名前で、ここで造る醤油は全国品評会で高い評価を受け、13年以上連続で最高賞位を受賞したこともあります。

　そう聞くと、伝統がある格式高いお店と思われる方もいるかもしれません。でも、醤油は普段の料理で毎日使う調味料。だからこそ誰でも気軽に、醤油1本を買いに来られるオープンなお店でありたいものです。店内では醤油のテイスティングができるので、迷われたらぜひいろいろ試飲してみてください。醤油屋ですが、コーヒーも楽しむことができますよ。さらにタケシゲ醤油は大人から子どもまで、気軽に立ち寄れるようなイベントを開催。醤油だけでなく、パンや野菜、魚にスイーツまで、地域のおいしいものを並べて、皆さんをお待ちしています。

　マルシェや料理教室など、イベントのスケジュールはSNSや公式サイトで随時公開しているので、興味のある方はぜひ、お気軽に遊びに来てくださいね。

タケシゲ醤油 招くしょうゆ屋

TEL	092-526-9682
住所	福岡県福岡市南区平和1-23-6
営業時間	10:00〜18:00
休み	日曜、祝日、盆、年末年始
公式サイト	http://takeshige-shoyu.com/

芸術家だった叔父のアトリエを改装した店舗は、天井が高く開放的。「ニワカそうす」のほかにも、醤油をはじめたくさんの調味料が並びます

定期的に開催しているマルシェ。この日は、「いおりとパン」が登場！　ニワカそうすを使ったパンも販売しています。スタッフの一人が手作りしている「醤油ロールケーキ（写真右下）」は不定期販売。売り切れ必至の人気商品です

ニワカそうすファミリーのご紹介

タケシゲ醤油では、ニワカそうすのほかに定番から個性派まで、多くの調味料を販売しています。
直売店のほか、公式サイトなどでも購入できます。

❶ ハカタトビウメソース
やわらかな梅の酸っぱさと甘さが食欲を刺激する、とろとろの和風梅ソース。揚げ物や焼き魚などにかけるだけで一味違うおいしさに

❷ カラカ
うま味を感じる絶妙な辛さ。ピザやパスタのほか、和食にも◎ ニワカそうすと合わせればエビチリや麻婆豆腐も簡単に出来上がり

❸ ユズカ
九州名物「ユズこしょう」を液状に。宮崎産ユズの刺激的な香りが料理の脂っこさを抑えます。マスタード代わりにもどうぞ

❹ にんにくポン酢
にんにくのうま味が溶け込んだ、飲めるほどまろやかでコクがあるポン酢。このポン酢だけで煮込む鶏手羽煮は簡単なのに絶品！

❺ 橙ポン酢
小さな釜で職人が手作りするポン酢は、福岡県糸島産の橙酢を約20％配合。濃厚な香りとまろやかな酸味が特徴の人気商品です

❻ こいくち 吟上
濃厚でまろやかな醤油は、タケシゲ醤油最上級の味。素材の持ち味を引き出す冷ややっこもこれだけでご馳走に早変わりします

7 こいくち 寿
漁師町の佐賀県唐津市呼子で圧倒的に人気の甘い刺し身醤油。青魚、白身魚との相性が良く、刺し身のほか煮魚に使うのもおすすめ

8 こいくち 富
タケシゲ醤油の人気No.1商品。博多らしい定番こいくち醤油で、うま味と塩加減が絶妙。グルメタウン福岡の料理人も多く愛用中

9 卵かけ醤油 はかたまごはん
卵の甘味を倍増させる、甘めの出汁がたっぷりのとろりとした醤油。パッケージはバリエーションがあり、ハートの瞳はレアラベル

10 うすくち白雪
白醤油並みに色が淡いのが特徴のうすくち醤油。うま味が濃厚で塩の代わりに使うこともでき、少量で料理に深いコクが生まれます

11 鍋とスープの素
うどんやそばつゆ、おでんはもちろん、博多名物モツ鍋もこれ1本でOK。かつお、昆布にいりこ出汁を加えた本格的な仕上がりです

12 クエだしの素
長崎のクエ漁師軍団とタケシゲ醤油が、強力タッグを組んで作り上げたクエのうま味がたっぷり溶け込んだ究極のだしの素。これ1本で、料理がプロの味に

おわりに

　私は来年50歳を迎えます。

　毎日醤油と向き合う日々を送って今年で13年目ですが、醤油屋の仕事以外に週に3回ヨガの講師を20年近く続けています。

　ヨガを始めたきっかけは職場の先輩のお誘いから。大学を卒業して営業職についた私は、当時ノルマから追い掛け回される日々が続き、ため息ばかりついていました。そんな時に「一息ついたらどう？」と連れて行かれたのがヨガ教室。バブルがはじけたといわれていたちょうどこの頃から、周囲でも急激に「癒やし」を求める方たちが多くなった気がします。

　私もこのヨガ教室で救われた思いがあって、そこから通い続け30歳の時に週に3回ほど、仕事後にヨガの教室を開く事を思いつき、それが今も続いているという訳です。

　ヨガの教室をやっていると、仕事とはまた違う、さまざまな方に出会うことができました。それぞれ職場や家庭の悩みなどを抱えていて、ときには込み入った話をさせていただく事も多くあります。こうして20年間、どの時代も共通して思うのは「私だけじゃない。みんなそれぞれ大変だ」ということです。

　この世の中、心のバランスを崩すきっかけはどこに潜んでいるか分かりません。「癒やし」の時代を通過していく中、「癒やしは必要だけど、その後に心と身体が元気になるようにつなげる事が大切だな」と強く思うようになりました。

　毎日忙しくて大変な皆さんが、ヘトヘトで帰って来ても、簡単においしいごはんができること。それは癒やしであり、心と身体の元気につながります。だからこそ、ニワカそうすはみんなが元気になる、魔法の調味料だと思っています。

　簡単に楽しくおいしく作って、みんなで一緒に元気になりましょう。

住田友香子

短い時間で楽々！
「ニワカそうす」の愛情ごはん

2019年11月 5日 初版発行

著者	タケシゲ醤油
企画	株式会社九州TSUTAYA
発行人	田中朋博
編集	戸田千文
撮影	寺下のぞみ
デザイン・DTP	向井田創
校閲	菊澤昇吾
制作管理	西村公一
販売	細谷芳弘、檜垣知里
発行	株式会社ザメディアジョンプレス 〒733-0011 広島県広島市西区横川町2-5-15 TEL：082-503-5051　FAX：082-503-5052 https://mediasion-press.co.jp/
発売	株式会社ザメディアジョン 〒733-0011 広島県広島市西区横川町2-5-15 TEL：082-503-5035　FAX：082-503-5036 http://www.mediasion.co.jp/
印刷・製本	株式会社シナノパブリッシングプレス

Special Thanks
織物製作　竹重浩子（P14、P40、P46、P50、P62、P72）
器提供　もてなし屋蒼（P24）、晴MUSUBI（P36）
手ぬぐい提供　吉斑（P68）
撮影モデル　濱田敬子・結衣・葵衣、安達友紀子・沙良・諒

©ザメディアジョンプレス2019 Printed in Japan
ISBN978-4-86250-648-1 C0076

※乱丁・落丁本は送料小社負担にてお取り替えいたします

GREEN FUNDINGを通じて応援をしてくださった皆様
順不同、敬称略

都留健史	てるてる
奥平誠悟	尾原絹代
kumi_kumi_2323	森島由佳
ふじちかさん	田中みなこ
SARA&RYOU	神田 徹
YUMIKO	ANNE & KEN & MEI
本田政勝・麗子	中野 洋
なかむ	竹重浩子
にうあさよ	池内亜寿香
松本葵	どういたしまして
髙原祥有	shinba038
髙橋 亮	北野エース
mikie	村岡貴子
安元加奈恵	たけのこのさと
竹千寿	フクチコウスケ
manpuku-penguin1974	すさきまゆみ
大西茂彦	竹村 響
辻 恒久	榎坂佳子
タダ・ジェシカパーカー	keiko kanoe
内野真人	菊地純子
ホシハヤト	小野廣人
おうちパン教室 kuuuunel	ASAKURA
にまごま	yuki.k
はしもとみき	酒井梨沙
mayu☆mayu	

そして、ここに載せきれないたくさんの皆様
応援ありがとうございました。

●著者既刊本紹介

博多ニワカそうすの塗るだけレシピ
発行：書肆侃侃房
定価：本体1,300円＋税